licht und blau

Rea Revekka Poulharidou

licht und blau

Gedichte

Bibliografische Information der Deutschen Nationalbibliothek:
Die Deutsche Nationalbibliothek verzeichnet diese Publikation in der Deutschen Nationalbibliografie; detaillierte bibliografische Daten sind im Internet über http://dnb.dnb.de abrufbar.

© 2017 Rea Revekka Poulharidou

Foto Vorderseite: Rea Revekka Poulharidou
Herstellung und Verlag: BoD – Books on Demand, Norderstedt

ISBN: 978-3-7431-6673-8

Für Dich

Inhaltsverzeichnis

licht & blau 9
hoffnung 10
sei mein herbst 11
im juli 12
seiten 13
nachts 14
garten 16
wie du bist 17
flüster mir 18
deine lippen 19
im blau dieser nacht 20
anziehen. ausziehen 21
unsichtbare linie 22
und plötzlich 23
sommermorgen 24
bleib 25
stunde 26
das meer duftet nach flieder 27
ich stelle mir vor 28
am ende des meeres 29
liebe 30
über dem smaragdmeer 31
als hätte ich 32
stille 33
worte für dich 34
was ich dir nicht sagte … 35
wie ein einsames meer 36
still bist du 37
juni 38

in einer kleinen höhle 39
wiegen 40
das zimmer duftet 41
abschied 42
zeit 43
du 44
hör 45
hier und jetzt 46
deine briefe 47
abstand 48
schick mir 49
flughafen 50
versprechen 51
raum 52
ahnung 53
dich 54
linie 55
gedanken 56
dich malen 57
goldener atem 58
märzende 60
in deinen worten 61
am meer 62
gestern 63
fragst du mich 64
erinnerungen 65
sommermorgen 66
was bleibt 67
unnahbare stille 68
unsere worte 69

folge den vögeln	70
gefühlvoll	71
spätsommer	72
lichtstrahlen	73
was wirklich zählt	74
im herbst	75
poesie des glücks	76
herbst	77
stille	78
hinter deinem auge	79
du	80
glücklich	81
Veröffentlichungen und Auszeichnungen von Rea Revekka Poulharidou	83

licht & blau

schreib mir einen brief
aus licht & blau

mit geschlossenen augen
will ich ihn lesen

licht und blau
alles

du

hoffnung

steck dir
die hoffnung
ins haar
an tagen
wie diesen

an denen
dein name
in der nacht ertrinkt
mein lied nach
einer heimat sucht
der himmel
seinen gott
verliert

steck dir
die hoffnung
ins haar
ganz zart
an tagen
wie diesen

sei mein herbst

warte auf mich
bis zum ende der ernte
sei mein herbst

frühling ist nur ein vorwort
sommer reiner durst
winter heißt warten

sei mein herbst
bring mich zur reife
bis ich aus der zeit

in deine arme
falle

im juli

es ist ein sonniger tag im juli

ein tag, an dem mich jede kleinigkeit
an dich denken lässt

welche farbe trägst du gerade?
die farbe der morgenröte oder die der nacht?

welche bäume, welche wolken siehst du
wenn du den kopf von diesen zeilen hebst?

es ist ein tag im juli und ich bitte den wind
dich zärtlich zu umgarnen

in deinem schatten
sanft zu flüstern

wie nah du mir
bist

seiten

seiten handgeschöpft
eine neue materialmischung.

mein stift drückt sich durch
schicht für schicht

seiten. weil es papier gibt
papier. weil es worte gibt

oder angst
oder liebe

ein gedanke. nur

linien. verbinden
die sterne in uns

stell dir vor
eine leere

& dazwischen

stille
die uns verbindet

nachts

ein mal
ein mal nur
deinen namen flüstern
die augen schließen
eine geschichte
neu erfinden

ich lege ab
jedes wort
jede silbe
jeden laut

hier
im palast der träumenden
nehme ich dich
in die hand
und fliege mit dir
durch die
nacht

du flüsterst
meinen namen
legst mir die sterne
in den mund

unsere flügel brennen
über dem wasser
dein atem so nah
in meinem
zu hause

garten

der einzige garten, den ich je anlegte
ist der meiner liebe

in seiner mitte steht ein baum

seine blüten tragen deinen duft
seine früchte deinen namen

wie du bist

komm
setz dich her
zu mir

nicht wie du warst
nicht wie du sein willst
nicht wie die welt dich sieht
nicht wie ich dich möchte

setz dich her
zu mir
ganz
nah

so
wie du bist

flüster mir

flüster mir
von der liebe
buchstabier mir
wunder
dass ich spüre
ich bin nicht
allein

deine lippen

deine lippen
mit fingerspitzen
lesen

wie eine blinde
die augen eines würfels
liest

und weiß
sie hat gewonnen

im blau dieser nacht

mittendrin
dein rot

dein berstendes
rot

anziehen. ausziehen

skizzierst zeichnest färbst
mich

mit deinen
blicken

signierst mich
still

mit deinem
atem

unsichtbare linie

die linie eines tautropfens
auf einem grashalm
die linie deiner augen
meinen rücken entlang

und plötzlich

und plötzlich. kommt die liebe
wie ein vogelschwarm. der nach dem regen
von der erde in den himmel steigt

sommermorgen

der himmel – aus pergament
verschlüsseltes blau

die geheime sprache der schmetterlinge
flüchtige schatten – die verschwinden

der traum eines engels – halb verschlafen
über dem meer

bleib

bleib
wenn ich die augen schließe
in diesem raum. der in ein wort passt

stunde

geh hinaus
seh die sterne
wie sie scheinen
in die vergangenheit

stell die uhr
auf eine stunde
die es noch nicht
gibt

das meer duftet nach flieder

das meer duftet nach flieder
im späten august

ihm gehört die zeit

der himmel –
eine unendliche zärtlichkeit

so oft sah ich zu ihm, doch
niemals beschrieb ich ihn

ich kann es nicht

das meer duftet nach flieder
welle um welle

im späten august

ich stelle mir vor

wie es sich anfühlt
auf deinen lippen
deiner zunge

das M von meer
und auch das L
von licht

am ende des meeres

atmest du eine sonne
wolken vögel gestirne
trägt der wind
dir zu

am ende des meeres
beginnt der himmel
mein
immer
du

liebe

unbekümmert und frei
ist die liebe

sie gehorcht keiner logik

setzt den fuß
auf's wasser

&

schwebt

über dem smaragdmeer

über dem smaragdmeer
schreibe ich

mich zu dir

du der himmel
ich die möwe

als hätte ich

als hätte ich ein buch geöffnet
und zwischen seinen seiten
rosenblüten gefunden
von einem gestern

duftend & zerbrechlich

stille

manchmal suche ich nach worten
nach einer möglichkeit die sprache des herzens und
das unaussprechliche band des gefühls
in worte zu kleiden

am ende aber
bleibt mir nur die stille

und ich hoffe
dass du diese stille verstehst

worte für dich

es gibt tage und nächte
an denen die luft aufbricht

es gibt tage und nächte
an denen ich nach worten für dich suche

und das meer. durch meine erinnerung treibt.

ich sitze da. betrachte es. warte
nicht an der oberfläche sondern an seiner tiefsten stelle

wo ein murmeln gestalt annimmt. silbern und still an
die oberfläche schwebt.

zarter und leichter als licht

was ich dir nicht sagte ...

ich liebe briefe.

ich liebe es,
deinen namen

darauf zu schreiben

wie ein einsames meer

wie ein einsames meer
das noch niemand fand
hüte ich meine gedanken
an dich
in
ungeschriebenen
gedichten

still bist du

still bist du
eine blume in der
morgensonne

geheimes
will ich zu dir
flüstern

an all deinen
geheimen
orten

juni

juni –
licht und schatten
wiesen in zärtlicher eleganz
samtene düfte

lass uns auf einer wolke frühstücken &
später auf gänseblümchen schaukeln

in einer kleinen höhle

ich lebe in einer kleinen höhle
wie Jona im bauch des wals
schreibe wort um wort, doch

vielleicht sind unsere gedichte
nur botschaften von schiffbrüchigen
ein dürftig aufgeschriebenes rufen
in zerbrechlichen flaschen

die vom meer der stille
an die strände des vergessens treiben

wiegen

das buch
der brief
das fenster

das stück stoff. das ich flicke. immer wieder
die garnspule. die beständig abnimmt

die eine hand schreibt worte
die andere wiegt die stille
dazwischen

das zimmer duftet

das zimmer duftet nach honig und linde
in der schublade liegen die perlen
meiner träume

die wände sind aus transparentem
wolkenstoff

möwen fliegen durch die fenster

alles atmet von neuem

das tischtuch
ist blau

abschied

nachmittag. sonne
alles flieht

weit entfernt bist du
und der horizont verschwunden

vielleicht werde ich dich
wieder hören. irgendwo

vielleicht aus dem mund
eines poeten. der eines tages

nach worten
für dich
sucht

zeit

diese frühlingstage am meer lassen mich zurück denken.
als wir uns zeit nahmen von der zeit

wir schlenderten durch orte
fernab von vergangenem, künftigem

alles war neu und
unverbraucht

eine hoffnung
ein juwel

du

verrate mir
deinen namen

deinen wahren
namen

nicht wie sie
dich nennen

sondern wie du dich
selbst nennst

wenn niemand
es hört

hör

weniger als eine stimme
wind über den klippen

der schatten
eines ungesprochenen
wortes

hier und jetzt

an tagen wie heute
rede ich nur im jetzt

das morgen und gestern
was ist das schon

nicht mehr als ein nebel
ungreifbares im auge der zeit

alles bist du mir
regen & duft nach meer und moos

blühender mandelbaum
amseln bienen blumen

dem blau
die sonne

mein himmel
mein licht

deine briefe

deine briefe
umgarnen mich

seidener
kostbarer
faden

bedrückendes
löst sich auf
in nichts

deine briefe –
schickst du sie mir
nicht

fiebert es
in meiner stille

die welt wird
eng und klein

und ich möchte dich bitten

schreib
schreib mir
für immer

abstand

dieser abstand
zwischen dir & mir
wie der zwischen ja & nein
entsetzlicher abstand
alles & nichts

schick mir

den ganzen tag. die ganze nacht
schrieb ich diesen brief

ging dann hinaus. an den einen ort –
mondlicht versilberte die bäume

ich sah in deine richtung

morgen früh gebe ich den brief auf
meine augen werden ihm hinterher reisen

schick mir etwas von deinem himmel
auch wenn er nur dir gehört

flughafen

zwischen hier und dort
gibt es viele orte
zu warten

meist sind es flughäfen
verkaterte luft
trübe sicht

your boarding card please

schriebst du mir
gate 104. ich sitze neben L.

ich würde dich finden &
nur eins sagen

ich vermisse dich
schon immer

versprechen

jede träne kehrt als welle wieder.
ein verpasster zug als gewittersturm.
ein vergangener tag als sonnenuntergang.

das meer wiederholt sich selbst. als hätte jemand
ein versprechen darin versteckt.
bevor er ging

raum

einen raum
schuf ich
in der stille

winzig klein

groß genug
für nur
ein wort

ahnung

seiten handgeschöpft
darauf keine worte

eine neue materialmischung

mein stift drückt sich
durch alle schichten

seiten weil es papier gibt
papier weil es worte gibt

oder angst
oder liebe

ein gedanke. nur

linien verbinden sterne
einen kosmos in uns

eine ahnung von nichts
eine ahnung von leere

dich

dich
sprechen

über alle worte
hinweg

dich
flüstern

in der stille

ohne anfang
ohne ende

linie

die linie
zwischen himmel & erde
ist ein grashalm
ein licht. grün & leicht
zu gehen

gedanken

wohin gehen unsere worte
nachdem wir sie gesprochen haben?

delphine springen aus dem wasser
hinterlassen nur kurz eine spur

das meer nimmt alle farben des himmels auf
bis es selbst zum himmel wird

vielleicht war es das, was Jona lernen sollte
alles ist ein sammeln – an einsamkeit. an vergebung

in den eigenen geheimnisvollen tiefen.
dort oben taucht eine möwe in die wolken

eine wahrheit. es gibt sie. du siehst sie
wenn du die augen schließt

dich malen

dich malen
mit worten

dein innen
dein außen

deine stärke
deine zartheit

dich nur dich
malen

mit meinen
entsetzlich

unbeholfenen
worten

goldener atem

goldener atem über der küste –
der himmel besteht noch immer aus zwei silben &

es gibt kein wort, das zittern zu beschreiben
das deine stimme unter meiner haut verursacht

oder das empfinden ausdrückt
wenn ich deine worte lese

was sagen worte überhaupt?

selbst die nacht bricht nicht *herein*
wie wir zu sagen pflegen

ich sitze und warte bis sich auch
der letzte stern vorgestellt hat

wobei die meisten von ihnen
ganze galaxien sind

wir meinen zu sehen
was wir klar umreißen können –

letzte sonnenstrahlen gleiten über das wasser
sein kräuseln schreibt ein neues alphabet

wie lange brauchen meine worte
bis sie dich erreichen?

die einzigen blumen, die sprechen
sind die des dichters

einen garten habe ich hier
für dich gepflanzt

märzende

es ist ein windstiller sonniger tag
der see – schöner als das land

ein tag für einen langen spaziergang am ufer
märz ist der monat der erwartung sagst du

der see noch einsam
unberührt der himmel

vor den schwalben wiegen sich
narzissen im wind

in deinen worten

in deinen worten
blüht der himmel

in deiner stille

treibt die sonne
wurzeln

am meer

wasser
türkisblaues
flimmern

ufer
weißer
rand

hügel
rotgolden

möwen tragen
den horizont
fort

in einem echo
von wind

in einer ahnung von
zeitlosigkeit

gestern

waren die wolken nicht originell.
erhaben bewegten sie ein paar bilder
von hier nach dort. zerstreuten
scharen an engeln. heute ist nichts.
nichts als eine kamera. die nichts aufnimmt. sommer.
wetter. nichts könnte klarer sein

fragst du mich

fragst du mich, was war
bevor der frühling mit dir kam?

die welt hatte ihren himmel verloren
den gesang der vögel kannte ich
nicht mehr

stürme zogen durch meine gärten
auch am tag war nur nacht

behutsam zärtlich dir zugewandt
zog ich nach und nach
licht und düfte an

verborgene meere singen wieder
helle stille überall

erinnerungen

es gibt sie. erinnerungen,
die keine vergangenheit erfahren.
die dich immer wieder auf's neue
den himmel berühren lassen

sommermorgen

der himmel – aus pergament
verschlüsseltes blau

die geheime sprache der schmetterlinge
flüchtige schatten – die verschwinden

der traum eines engels – halb verschlafen
über dem meer

was bleibt

über mir
der himmel

unter mir
die erde

in mir
ein feuer

blau
es ist das blau

das bleibt

unnahbare stille

wir denken
an vergessene dinge

halb geöffnete räume
halb geöffnete herzen

eine schweigsame
wimper

aus licht

unsere worte

gestaltloser rauch
unsere worte

ziehen unter der fingerspitze
vorbei

hinterlassen kein zeichen
keinen fleck

legen sich nieder
lösen sich auf

dieses wort jenes wort
verschwunden

wie weit vom himmel
sind die sterne?

wie weit vom papier
das herz?

folge den vögeln

betrachte dein empfinden
im spiegel der worte

jede veränderung folgt
einer regel

erkenne im echo
den weg

folge den vögeln

in eine welt der abgeschiedenheit
eine welt fernab der berührung

der gefährte. den du suchst
ist die leidenschaftliche stille

hör auf das echo der worte
und behalte. was offensichtlich bleibt

in jeder deiner berührungen
die wärme der erde

in jedem deiner atemzüge
das blau des himmels

gefühlvoll

der erste vogel
spricht zu den letzten sternen

nach langer zeit
ging ich heute wieder
hinaus

in den morgen

der himmel
die erde

waren
neu

spätsommer

ich mag das gold in den bäumen
zu dieser jahreszeit

wie mich die sonne
zärtlich führt

auf leisen wegen
zu erinnerung & glück

lichtstrahlen

lichtstrahlen
durch salziges blau

grashalme aus licht

von der oberfläche
bis hin zum grund

unmerklich
geräuschlos

ein pfad aus purem licht
keiner kann ihm folgen

was wirklich zählt

vielleicht ist es das
was wirklich zählt

sage ich zu mir selbst –

alles was du siehst
spürst

die erde
der himmel
herbstduft
feuer unter der sonne
ein kalter mond
flächen an dunkelheit
meilenweites purpurlicht

und der traum von dir
skizziert mit feinem stift
auf dieser klaren weißen
fläche

im herbst

im herbst ist mein frühling
feiner nebel über der wiese
sanftes morgenlicht
goldfeuer im
laub

meine hand. die
auf deine
wartet

poesie des glücks

es gibt gedichte
wir schreiben sie
mit unseren

augen
fingern
körpern

sobald wir uns
berühren
treten sie

plötzlich
unerwartet
ans licht

möchten entdeckt werden
kurz bevor sie
zerfallen in

lächeln

erinnerung

glück

herbst

herbst
blätter fallen

doch du schöne welt
du bleibst

selbst
wenn worte enden

erheben sie dich

wie ein schwebendes blatt
im sanften wind

stille

schritt für schritt
gehst du den weg

aus der stille
in die stille

zeitvergessen
deine worte

hinter deinem auge

hinter deinem auge
kehrt etwas zurück
unbeschreiblich
seine spur

wer will bestreiten
dass es die welt
erzittern
ließ?

wer will bestreiten
dass ein engel
deine seele
streifte?

du

du sahst mich an & gingst
durch mich hindurch

den himmel in deinen händen
licht tropfte auf deinelippen

eine stille – die fliegen wollte

glücklich

bist du dir sicher?

so sicher bin ich
wie ich glücklich bin

in diesem augenblick

alles an dir spricht
von liebe

mit dem wind im haar
auf dem wolkenweg

über den fluss
in ein blau

das nur ein *ja*
kennt

Rea Revekka Poulharidou wurde 1967 in Vaihingen/Enz als Tochter griechischer Gastarbeiter (nach damaligem Sprachgebrauch) geboren und wuchs zweisprachig auf. Sie besuchte in Stuttgart sowohl die deutsche als auch die griechische Schule. In Freiburg im Breisgau studierte sie Linguistik, deutsche Literatur und Psychologie. Heute lebt sie am Bodensee.

Bisher sind von ihr zwei Bücher und ein Hörbuch sowie zahlreiche Veröffentlichungen in Anthologien, Zeitschriften und im Internet erschienen.

**Lesen Sie weitere Gedichte
von Rea Revekka Poulharidou**

auf ihrem Gedichte-Blog:
rea-gedichte.de

auf twitter:
twitter.com/@Rea_Poesie

Besuchen Sie auch ihre offizielle Website:
www.rea-poulharidou.de

Veröffentlichungen und Auszeichnungen von Rea Revekka Poulharidou

Eléni - Heimat im Herzen
Eine deutsch-griechische Geschichte
edition buntehunde, Regensburg, 2., veränderte Auflage 2008
ISBN-10: 3934941486
ISBN-13: 978-3934941489

Traumfängerin - Eine lyrische Reise
Autorinnenlesung mit Musik
1 Audio-CD
Lohrbär Verlag 2004

Traumfängerin - Eine lyrische Reise
Mauer Verlag, Rottenburg am Neckar 2002
ISBN 9783935121774

Auszeichnungen u. a.

2015 Preisträgerin des Literaturwettbewerbs der "Literaturtage Isny"

2015 Preisträgerin Lyrikmond-Wettbewerb

2012 Literarischer Förderpreis der Literarischen Vereinigung Signatur e. V.

2012 Preisträgerin des Literaturwettbewerbs der "Literaturtage Isny"

2011 Preisträgerin des Literaturwettbewerbs der "8. Bonner Buchmesse Migration." in der Kategorie: Lyrik

2004 Preisträgerin beim Lyrik-Wettbewerb der Stadt Augsburg „Augsburger Friedenssamen"

2003 Preisträgerin beim Lyrik-Wettbewerb „11. September 2001. Eine literarische Retrospektive." Hrsg. Gerrit zur Hausen, 2003 Verlagshaus Monsenstein und Vannerdat

2002 Preisträgerin des Gedichtwettbewerbes der Nationalbibliothek des deutschsprachigen Gedichtes